Brombeerium

Gedichte

von Ludwig Zeppelin

Umschlaggestaltung unter Verwendung des Gemäldes
Brombeerium von Mokke

Bibliographische Information der
Deutschen Nationalbibliothek: Die Deutsche
Nationalbibliothek verzeichnet diese Publikation in der
Deutschen Nationalbibliographie. Detaillierte
bibliographische Daten sind im Internet abrufbar:
http://dnb.dnb.de.

Herstellung und Verlag:
BoD - Books on Demand, Norderstedt

ISBN: 978-3-7543-2798-2

und nochmal :

Ludwig Zeppelin

Brombeerium

Gedichte

INHALTSTOFFE

Lorbeerkrank

Brombeerium

Dieses Werk versteht sich von selbst als poetische
Willensbildung in deutscher Sprache.
Bestimmungsgemäßer Gebrauch : LESEN.

Beermuda Dreieck

Fleischfressende Mimosen

Fleischverfressene Mimosen
vordergründig nett liebkosen.
Honigsüß scheint schönes Wetter,
Steilvorlage – Bälle schmettern :
Vorteil für die Rücksichtslosen.

Fleischfressend Mimosenpflanze
blüht in ihres Glückes Glanze.
Wenn die Blätter traurig hängen,
lauert sie mit ihren Fängen –
Hass und Liebe in Romanze.

Davor solltest du dich hüten :
Fleischfressend Mimosenblüten
farblos graues Dasein fristen.
Geier in dem Astwerk nisten,
Lindwürmer im Erdreich brüten.

Fleischfressend Mimosen reifen –
Fruchtgeschwüre Magen kneifen.
Nur im Schatten wohl gedeihen,
Licht und Frischluft nie verzeihen,
Angriff oder Flucht ergreifen.

Fleischfressend Mimosen speisen
den, dessen Geschmack sie preisen :
„Sei doch nicht so 'ne Mimose !"
Drehen deine Schrauben lose,
jammern dabei kläglich leise.

Fleischfressend Mimosenranken
sich für deine Gunst bedanken.
Bitten dich, doch noch zu bleiben,
ihre Wurzeln in dich treiben,
neue Kräfte von dir tanken.

Frischfleisch fressende Mimosen :
Ohne Dornen keine Rosen.
Doch nicht jeder ist verloren,
denn es sind die Carnivoren
giftig nur in hohen Dosen.

Müll

Der Müll bedrängt an allen Orten,
am Wegesrand ein wenig, dann
in meinem Haus von allen Seiten,
genug seit vielen Jahren lang.

Erst neulich hat er sich gespalten
in Bio-, Rest-, Verpackungsmüll –
Papier 'ne Tonne, Schad- und Stoffe,
und dann das Fernsehen-Programm !

Beziehungsmüll und Sonder- gleichen
aufs Haar sich, fasst sich, steigt zu Kopf.
Kommt bis zur Tür in voller Breite,
vom Vorzugsmüll getrennt jedoch.

Mief, am miefesten und miefer :
Das Blickfeld gänzlich zugemüllt.
Ein kurzlebiges Flug-Geziefer
als Spinnenfutter Zweck erfüllt.

Den Müll so einfach weg zu werfen,
das bring ich übers Herz noch nicht.
Das Gute, das er nur für mich
getan hat, rechne ich ihm an.

Ein Schokoriegel reicht drei Wochen.
Bananenschale morgen raus.
Und noch drei Kaffeefilter drauf.
Papier geduldig. Asche weht.

Die Pechmagneten

Nimm in Acht dich vor den steten,
widerlichen Pechmagneten !
Niemals in die Hand sie nehme,
ewig folgen sie dir nach –
Ohne Unterlass Probleme,
reiner Quell von Ungemach.

Erstmal ziehen sie dich näher,
alsdann schubsen sie dich weg.
Ziehen, schubsen jäh und jäher,
bannen dich auf einen Fleck.
Hilft kein Strampeln und kein Treten :
Schubsen, ziehen Pechmagneten.

Hilft kein Hoffen und kein Beten,
folgen dir die Pechmagneten.
Vorwärts sperren sie die Bahnen,
abwärts ebnen sie den Fall.
Lass dich warnen, lass dich mahnen :
Pechmagnet spielt mit dir Ball.

Merkst du wie die Kräfte fließen ?
Spürst du schon der Stärke Feld ?
In die Ströme sie dich gießen,
wie es Pechmagnet gefällt.

Von dem winzigsten Magnet
wirst du hin und her geweht.

Scheinbar harmlose Magnete
liefern dir die Pech-Pakete.
Selten lassen sie dich ruhen,
wähnst du dich in Sicherheit –
Klebt noch Pech dir an den Schuhen :
Super Pech und Pech verbleit.

Kannst du wohl das Weite suchen,
Pechmagneten sind schon da.
Kannst du Schimpfen, Zetern, Fluchen,
Pechmagnet bleibt immer nah.
Kannst dein Schicksal formen, kneten,
wirst nicht los die Pechmagneten.

Der Werpool

Glücklich ist, wer hat zu eigen
einen Whirlpool, drein zu steigen :
Ausgestreckt im heißen Bade,
 heiß, wie 's auszuhalten grade
– sehnlich den Moment erwarten,
dass der Pool sein Whirl wird starten.

Flocken, Watte, Schaum vom Bade,
zuckersüße Raffinade …
Vorsicht aber lasse walten,
willst das Leben du behalten –
Wenn die Vollmond-Nacht gekommen,
kein Mensch je heraus geschwommen !

Einst lag ich zur Dämmerstunde
ausgestreckt im herrlich runden
Wohlfühl-Ort, nichts Böses ahnend.
Nichts den Rest des Abends planend,
Nachtmahl noch – ob Reis, ob Nudel ?
Ob noch einen Whirlpool-Sprudel ?

Aus dem Fenster konnt' ich schauen
Wolkenberge, wunderblauen
Abendhimmel – helle Strahlen
krönten Wipfel in dem kahlen
Winterwald voll Glanz und Funken :
Glutball Sonne war versunken.

Dunkel wollte es nicht werden,
Wolken leuchteten der Erde …
Langsam legten sich die Schatten,
ich versank im rutschig glatten
Raum mit Mosaik von Fliesen,
wurde mir fast zum Verliese.

Eines darf ich nicht versäumen,
weiß das Wort nicht mehr, ich ahne
– Treibgut ich im Ozeane …
Schon im Zwielicht stehen Bäume,
Wort, was war es – Karawane ?
Karpfen ? Krapfen ? Südsee-Träume …

Tee ? Karaffen ? Kaffee ? Sahne ?
Sauna-Aufguss ? Baderäume ?
Korallenriffe ? Brandungsschäume ?
Kautschuk ? Teer ? Gewürz …   Warane !
War das Wort, das mir entfallen –
Lautlos schlurfen spitze Krallen :

Echsen-Hirn, gespalten Zunge,
Giftzahn-Biss, aus Kohlenlunge
Drachenodem in der Nase –
Schwerelos entrückt Ekstase
fiel wie Schuppen vom Reptile.
Plötzlich zischten die Ventile !

Und da hörte ich ein Grollen :
Erste kleine Bläschen quollen …
Sprang ich auf in der Sekunde,
hechtete und floh die runde
Höllengrube, Pool genannte –
Als schon kalt der Vollmond brannte.

Die Panthertoffeln

In dem Urwald meiner Zimmer
bleibt mir noch ein blasser Schimmer :
Mag ich bis zuletzt noch hoffen
aufzufinden die Panthoffeln.

Schutzlos, barfuß muss ich bangen,
dass sie nicht zuerst mich fangen.
Eine schreckliche Gefahr
ist mein Panthertoffel-Paar.

Duckt sich eine unterm Sessel ?
Lauert still auf meine Fessel ?
Nach der Art von Räuber-Tieren,
unter Stapeln von Papieren

fliehen beide meine Blicke.
Kurz davor, gleich aus zu ticken,
greif' ich ins Papier und wühle,
schiebe Tisch und Kisten, Stühle,

türme Kleid auf Kleiderhaufen –
Wirbelt Staub, dann kurz verschnaufen.
Jemand sollte hier mal fegen …
War da etwas am bewegen ?

Hörte ich da eben huschen
die vermissten Pardel-Puschen ?
Ohne Wässerchen zu trüben
pirschen sie zum Schlafraum drüben.

Stehen dort am Rand vom Bette !
Dachte ich, dass, jede Wette,
ich dort nachgeschaut schon habe –
Tarnung ist Panthoffel-Gabe.

Wie die Füße es genießen,
wenn Panthoffeln sie begrüßen !
Möchten gar vor Freude hüpfen
und in Panthertoffeln schlüpfen.

Wärmen so die längst schon kühlen
Zehen – kann sie wieder fühlen.
Runde, wohl geformte Kappen
zieren die gezähmten Schlappen.

Zwischen samtig weichen Schäften
aufgetankt zu vollen Kräften,
mit Trompeten und mit Pauken
knabbern sie an meinen Mauken.

Der Nachtmahr

Der Nachtmahr lässt sich heute Zeit,
er wartet auf Gelegenheit –
Mich im Schlaf zu überraschen,
zu hetzen mich durch Sturm und Wind.
Es rieseln Tabakkrümel, Aschen,
die Zeit – die Zeit der Nacht verrinnt!
Er knüpft an seines Netzes Maschen,
doch heute bleib' ich wach bestimmt.
Schon gestern war er da –
Der Nachtmahr.

Er kam auf seiner Abendmähre,
dem schlafe wein' ich manche Zähre.
Was knarrt und knistert im Gebälk?
Was macht mir meinen Körper welk?
Er sitzt zu meinen Füßen
und lässt von Morpheus herzlich grüßen:
Der sei verhindert viele Nächte
und übertrage die Geschäfte
für den Rest vom Jahr
dem Nachtmahr.

Vorm Fenster finsterer Trauerflor,
es gähnt nach mir des Schlafes Tor.
Er hetzt mich durch Erinnerungen
und rückt nicht mit dem Morgen raus.

Er hat zu meinem Spott gesungen,
mich packt und würgt ein kalter Graus.
Ich ziehe die Gesellschaft vor
von Wanze, Floh und Kleiderlaus,
Laudanum und Datura
dem Nachtmahr.

Er holtert und poltert in grausigem Tanz :
Der Scherben so viele, wie mach ich sie ganz ?
Wer nimmt mir meine Schwebe,
und stürzt in Schwerkraft meine Masse ?
Er hockt auf Staub und Webe.
Er macht, dass ich erblasse,
dem Wahnsinn hin mich gebe.
Er ist es, den ich hasse !
Mal kommt er oft, mal bleibt er rar –
Der Nachtmahr.

In seinen vollgepackten Taschen
sind Ausschlag, Elend, Schorf und Grind.
Er säuselt in den leeren Flaschen.
Die Augen sind mir noch nicht blind.
Ein Mückenschwarm kann süßer summen
und mich in tiefen Schlummer lullen.
Wenn die Visionen nicht verstummen,
dann trinke ich die letzten Pullen.
Weswegen schaue ich ins Glas ?
Des Nachtmahrs !

Wer kocht in kaltem Schweiß mich gar ?
Bringt Seelenfrieden in Gefahr ?
Der Nachtmahr ist es, und er flechtet
die grauen Strähnen in mein Haar.
Er hat mich lange schon geknechtet.
Verflucht bin ich, des Schlafes bar.
Das Zwerchfell hat er mir genommen.
Zuerst ist er ganz sanft gekommen,
mit Succubus als Paar :
Der Nachtmahr.

Er klumpt das aufgewühlte Kissen,
hat meine Brust entzwei gerissen.
Ich will nicht in die Betten fallen,
dort leuchtet es so fahl
im Winkel unbekannter Hallen –
Wo endet dieser Saal ?
Er streckt nach mir die Krallen
mit Armen ohne Zahl.
Ich spüre, er ist nah –
Der Nachtmahr.

Zu Fäden spinnt er meine Wolle,
zerpflügt die Frucht der reifen Scholle.
Er hat die Freude ausgetrieben,
lässt im Bewusstsein dunkle Flecken.

Begraben hat er mich in Decken.
Er hat mir das Gehirn zerrieben,
zieht Furchen drin mit wildem Schrecken.
Wo ist Erinnerung geblieben ?
Weiß ich noch, wen ich sah ?
Den Nachtmahr !

Mein Geist, mein Körper werden starr,
bald hält er mich in seinen Pranken …
Die Müdigkeit bringt mich zum Wanken,
mit Schlaf kann ich nicht länger ringen.
Es scheint mir unabänderlich.
Ich hege letzte Trostgedanken :
Denn könnte ich ihn für mich zwingen
und meiner Feinde Ruh verschlingen –
Solange noch verbleibe ich
der Machtnarr.

Träume

Träume macht interessant,
selber darin vor zu kommen.
Hinter der Bewusstseinswand
wartet vieles sehr verschwommen.

Entschlafen gerne jederzeit,
Aufwachen gerbt mir das Gehirn.
Bin kaum vom letzten Tag befreit,
der nächste bietet mir die Stirn.

Komm mir bitte nicht mit Deutung
meiner siebenfachen Häutung!
Ob auf Wasser, Rosshaar, Feder,
träumen tut letztendlich jeder.

Ode an die Tenne

Annette von ...(*) zerteilt die Welt
zwischen Münster und Coesfeld.
Die Antenne nun jedoch
zwingt uns alle unters Joch.

(*) *Annette von Droste-Hülshoff, 1797 – 1848*

Eberbreschen

Sagen

Ich kann nicht sagen, ob ich schnell flüchten
oder lieber mich tarnen möchte.
Kapitulieren und Widerstand planen,
oder noch kämpfen mit sinkenden Fahnen ?

Reine Ästhetik und zögernde Fragen ?
Taub und geblendet Konflikte ertragen ?
Wähle ich eine von tausend Optionen,
bieten sich wiederum viele Millionen.

Hexenwohnung

Verwaiste Spinnenwebvorhänge
(Wer weiß ? Wo treibt das Vieh sich rum ?),
als Gast vorurteilst du mit Strenge –
Du gehst zum Kessel, fragst : Warum
will niemand sonst die Suppe kosten ?
In grauem Schaum paar Pilze flüchten …
Magie und Essig stehen auf Posten,
die Köchin nährt sich von Gerüchten.

Sehr delikat kommt Delinquent
das Drumherum-Geheimnis vor.
Um heißen Brei ein Kätzchen rennt,
der gute Vorsatz sinkt ins Moor.
Wolfshunger ist nicht zu verbergen,
dein Appetit auf Menschenfett
macht dich zu einem neuen Schergen
im Wachsfigurenkabinett.

Dein Schicksal steht : Ein Abziehbild
bleibst du in ihrem Sammel-Alb.
Substanz verkocht, die Hexe grillt
den nächsten Kandidaten halb.
Wer nicht so schmeckt, wird abgehangen
für später und vielleicht zum Tausch.
Gereffte Brust und Röcke fangen
die Beute, eingelegt im Rausch.

Die Vorratskammer : Echt zum Kotzen !
Wer neben dir am Haken hängt,
will an dem Nachbarn noch schmarotzen.
„Ich schmeck am besten" jeder denkt.
Nicht so wie du, du kennst die Gaumen,
die mehr genießen als zerbeißen.
Nicht viel Bedenkzeit anberaumen,
jetzt wird es Zeit, hier auszureißen !

Nur knappe Frist, Dessert / Salate,
für Zwischenmahlzeit eignet sich.
Natürlich, frei von Surrogate –
Die Hexe greift zurück auf dich :
Die Finger spitz, im Atem Knofel,
du nimmst zusammen allen Mut …
Da springt sie auf und stürzt zum Ofen,
denn Milch schäumt in die Feuersglut.

Im Zischen, Fluchen, Dampfes Schwaden,
dein Fehlen wird ihr nicht bewusst.
Noch bis zur Tür, du schwingst die Waden,
nicht wirklich bist du ein Verlust.
Jetzt kannst du reden und berichten
von Hexenküchen, Menschenklein –
Doch niemand glaubt solche Geschichten,
will auch die Welt betrogen sein …

Der Jubiläums-Brehm

Gibbon und Mandrill
findet niemand schrill.
Geld ist auch nicht da,
sie kommen in keine Bar.

Eintritt, Hemd und Schuhe
bringt sie aus der Ruhe –
Fangen an zu keifen
und um Clubs zu schweifen.

Wenden wir uns zu
Zebra, Fink und Gnu :
Nu, wo sind se hin-
gerissen vom Kanin.

Kranich, Storch und Reiher :
Bereit zu einem Dreier.
Bison und Wisent –
Nur ein One-Night-Stand.

Pickelwal und Stör
sterben aus, ich schwör !
Tyrannen-Sau-raus Rex
weint um seine Ex.

Lupus lupus est
tanzt auf jedem Fest.
Rotwild heißt nur so –
Fall für Streichelzoo.

Rehbein und Gazelle
kommt es auf die Schnelle.

Nilpferd und Gepard
verpassen ihren Start.

Mäusesatte Schleiereule
Heuratet in einer Scheune
ihren Herzens-Eulerich,
ein Fuchs die Szenerie umschlich.

Man findet Fuchs und Hase
in Ähren – äh, Emphase.
Hund hätt' nicht gekackt –
Hase längst gepackt !

Rebenhuhn und Tauben :
Herrenlos, zu rauben.
Unmoderner Dachs :
Kein Handy, nicht mal Fax.

Nutria und Biber,
anderes Kaliber :
Fahren rechts im Stau,
Rad ist platt beim Pfau.

Gorilla und Schimpanse
verkleiden sich als Transe,
laden ein zum Chill :
Gibbon und Mandrill.

Kinder, Kinder

Ihr Kinder, jetzt ehrlich, was lernt ihr schon wieder,
was bringen die Eltern und Lehrer euch bei ?
Das Märchen von Schmetterlingen und Flieder ?
Von Rentier-Schlitten und Hase-legt-Ei ?

Die Gnome von Zürich hat niemand gesehen.
Der Elfen-September treibt Blüten und Frucht.
Was wird in Geschichtsbüchern über *euch* stehen ?
Ihr fragt nicht und habt keine Antwort gesucht.

Die Medien haben ja schönere Seiten,
das Wort *Unterhaltung* hat zweifachen Sinn.
Mit künstlicher Intelligenz lässt sich streiten,
ich denke ich wäre – Nicht : Also ich bin ?

Der Storch bringt letztendlich noch immer
                                        Soldaten.
Zwei Wochen voraus ist das Fernsehprogramm.
Enttäuschung ist groß über eigenen *Paten* –
Zum Happy End gibt es sonst immer *Peng-Pang !*

Die Welt spielt nicht mit, doch die Welt kann man
                                        ändern,
jetzt ehrlich, ihr Kinder der Animation –

Ihr rüttelt ja nicht mal an den Gangelbändern :
Die Großeltern nannten das *Agitation*.

Warum denn auch nicht, wer will euch schon
                                                stören ?
Es heißt doch : Die gute, die alte, die Zeit !
Die Leute, die heute die Amtseide schwören,
fragt : Schwörst du verbindlich ? Stehst du zu dem
                                                Eid ?
Der Storch beißt auch in Kinderwaden,
drum immer : Safer Internet !
Die Kindeskinder heißer baden –
Schwör ! Laber krass ! Echt mega fett …

Der Weisheit letzter Stuss

Wenn die Vernunft dir entkommen,
rationales bye-bye :
Aggressiv sind die Frommen,
spanisch kommt vor Litanei.

Nur archaische Gefühle –
Inkarnation – ich war einmal …
Für Aliens die Ehrenstühle
sind reserviert. Gestern ? Egal !

Nie ohne Untergang der Welten,
noch vor Erfüllung ein Beweis :
Ob Mayas, Lamas oder Kelten –
Der Tipp ist aktuell und heiß.

Tu was du willst – du Egomane !
Mit freier Wildbahn Eheschluss :
Der Priester böse, gut Schamane,
Humor ist traurig, Weisheit Stuss.

Verblödet in Konsens-Gefilden,
wenn es jeder tut – ich bin dabei.
Musikgeschmack teilt ein in Gilden,
für immer das Wrack geborgen sei !

Der Silberrücken

Der und das Primat der Mächte :
Denken endet am Geschlechte.
Mit Keulenschwung, Gedankenstich,
wird untermauert große Kraft –
Emporkömmling hat es geschafft,
im Stärkewahn ganz außer sich.

Benommen und sich nicht genügend,
bei andern eigene Fehler rügend –
Es schwingt sich auf, das Alpha-Tier :
Halb geliebt und halb geduldet,
im Vordergrund Respekt geschuldet,
vorbei an Plätzen Zwei bis Vier.

An Hierarchien aufzugeilen,
nach unten Knochen wohl verteilen –
Empfänger sagt ergeben Ja.
Muss seine Achtung noch verzollen
dem Anspruch auf die dicksten Knollen :
Dividende Impera !

Einsam und wackelig sind Spitzen,
kann nie auf Augenhöhe sitzen –
Zu Füßen liegt ihm das Revier.
Dass wieder neu verteilt die Karten,
auf diesen Zeitpunkt lange warten
die Plätze Nummer Zwei bis Vier.

Stuhlgang

Mal wieder richtig abhängen.
Sorgen des Alltags verduften.
Seele baumeln lassen.
Nicht der Lyrik wert, sagste –
Denkste ! Mit welchem Körperteil denn ?

Sonst nie Zeit zum Lesen,
mittelmäßiges Buch, kurze Kapitel.
Falls es länger zieht,
Zehennägel gleich mit machen,
Ertragmaximierung, da geht noch was.

Eingeschlafene Füße vermeiden.
Keine Wurzeln schlagen.
Dann lieber Kurvendiskussion,
Funktion (f) von X.
Y, Z auch ganz anschaulich.

Oder flotter Newton – 3. Bewegungssatz :
Gleiche Kraft, gegenläufige Richtung.
Wirbel für Wirbel, Hau-den-Lukas !
Notfalls auch Blitzableiter,
der soll mich *hier* nicht treffen …

Soweit die Form. Der Inhalt etwas
durcheinandergeraten …
Doch niemals
seine Herkunft verleugnend.
Was will der Schöpfer uns hiermit sagen ?

Syntax verständlich, Grammatik,
Orthografie gehen auch. Zeichensetzung etwas
überfrachtet. Doch Papier ist geduldig –
Weißes Blattgold, nicht ganz von der Rolle.
Für grobe Schnitzer steht die Bürste bereit.

Bremsbeläge zur Inspektion. Luftdruck, zulässige
Höchstladung. Die Heckklappe ist offen.
Geräuschkulisse Radio : täglicher Presse-Club.
Drückerkolonne. Investitionsstau beseitigen.
Fraktionsübergreifende Sondierungsgespräche.

9-Uhr-Nachrichten : Staatsgeschäfte.
Territoriale Integrität absichern.
Wieder Exportweltmeister. Den Kanzler stellen.
Seilschaften im Hinterzimmer
halten Fäden in der Hand.

Große Anfrage der Opposition beantworten.
Schulden bezahlen, Esel-streck-dich !
Mehrwert einbehalten.
Ein Hindurchwurschteln
am oberen Ende der Nahrungskette.

Ode Toilette

Throne hoch erhabenen Sitzes,
Schwerkraft immer unter dir !
In Keramikschüssel spritzt es,
eben war sie noch zur Zier –
In Keramikschüssel dröhnt es,
was kann dafür mein verwöhntes,
angespanntes Muskel-Tier ?

Johannesbeer Kern A

Gewisse Leute

Gewisse Leute sind zu oft
mir zu nahe und zugegen.
Kann nichts machen, zugegeben :
Sind sie zu hart, bin ich zu soft –
Eiern rum in meinem Leben.

Nichts zu machen : Welch ein Mensch !
Gruselig sind mir Gestalten,
die mit Fernbedienung schalten.
Nicht nur lästig, nein – plem-plemsch,
stets das letzte Wort behalten.

Gerne schaue ich zum Mond,
höre Fledermäuse singen –
Zähle nachts die Quanten springen,
doch ein Anruf wie gewohnt
kommt auf der Verblödung Schwingen.

Fragen stellt die Diktatur :
Was ich denn so machen würde ?
Ob ich lebte oder stürbe ?
Und angeblich alles nur,
dass die Freundschaft nicht verdürbe.

Was ich dazu sagen muss —
Ohne Fluchen, Zetern, Schäumen,
ohne Hass ins Herz zu räumen :
„Ja, Nein, Bitte, Danke, Schluss !"
Sozialkontakt wächst nicht auf Bäumen.

Fabelfernsehen, privat

Sicht versperrt der Werbeblock :
Sixpack, kurzer Minirock.
Hinterteile platt gesessen,
Einschaltquoten Kräfte messen.
Einfluss fremder Interessen :
Strom verbrauchen, Rohstoff fressen.
Glotzenauge, Kabelschwänze,
Schwachsinn ohne Obergrenze.

Ein Zyklop Päderastie
leckt Ikone ihre Knie.
Noch in jedem Wörterbuch
liest man heute Babels Fluch.
Wasser speiende Chimären
können dir Feng Shui erklären.
Angst geht um im Werwolfsrudel :
Gleich kommt noch der Kern des Pudel !

Triffst du einmal auf Gorgonen,
solltest du die Augen schonen !
Schrille Klänge der Sirenen :
Hörbar nur von Schizophrenen.
Mumie, Monster und Vampir
fangen an zu fantasieren :
Glauben noch an kleine Blagen,
die Sonne in den Herzen tragen.

Pottwal und die Tiefseekraken
spielen etwas Fingerhakeln.
Krakentinte, Schlangenfeder,
Dronte Hülshoff zieht vom Leder.
Mammut, Wollnashöhlenbär
fanden Überleben schwer –
Auf Neandertalertischen
schmackhaft waren ihre Bissen.

Götzenbildner greifen Flucht
vor der aufgestauten Wucht
kolossaler Zyklops-Städte.
Oger fressen um die Wette
Shogottenschokoladenstücke,
Karies tafelt in der Lücke.
Spore mit Mycel
tanzen up de Deel.

Sturzbetrunkenen Hefepilzes
liebste Marke : De Rothschilds.
Volltrunkene Feen trollen
unsichtbar sich Whiskey holen.
Physi-Gnome Einhorn-Elfen
beinen aus Fasanenhälften.
Und für dein Gehirn die Nahrung,
bringe selber in Erfahrung !

Europangäische Lofoten

Noch immer Rom, Atlantik-Brücke :
Das Zentrum blüht im Glanz der Glücke,
die Landschaft : Bio-Sprit und Gülle.
Der Müll quillt aus dem Horn der Fülle.
Die Weltenherrschaft abgeschrieben
(was hoch kam, ging noch immer nieder),
Globalisierung ist geblieben –
Daher mit *Costa* und *Aida*,
dahin auf lecken Rettungsbooten :
Europangäische Lofoten.

Im Auslandseinsatz Kräfte holen
(nicht Rassen mehr, doch andere Sorten)
im Randgebiet der Anatolen –
Problem nach Asien verorten.

Doch Hände weg von unsern Balten !
Ein Eiertanz, dies Frieden halten :
Sowohl die Handelswege frei,
als auch mit nur Prozenten zwei.
Besiegt sind Hunnen schon und Goten :
Europangäische Lofoten.

Dank Glyphosat und Pestiziden
herrscht jetzt auch auf dem Acker Frieden.
Bei dicker Luft der Globus brennt ?
Dann setzen wir dem Konsument
fürs CO_2 die Preise rauf
zum letzten Klima-Schlussverkauf.
Voran, entschlossen losmarschiert !
Natur erschlossen, parzelliert –
Verdrängt sind Arten, die bedrohten :
Europangäische Lofoten.

Auf neue Klimagipfel steigen !
Erwärmung für globale Ziele –
Die Folgekosten still verschweigen,
gib täglich unsern Mord und Spiele !
Planierraupen und Kräne walzen,
bei Nacht-und-Tagebau gestemmt :
Atommüll kräftig eingesalzen,
gibt kein Zurück mehr – Schalter klemmt.
Ein Fachgebiet für Idioten :
Europangäische Lofoten.

Mit Nachbarland zusammenwachsen –
Den Wohlstand wir nur wem verdanken ?
Vereint mit alliierten Achsen,
den Gegner weisen wir in Schranken.
Befrieden Widerstand in Sachsen
mit weißen Westen, freien Franken;
und retten rotte Lotterbanken,
dass hoch und höher turnen Taxen.
Mit gierig ausgestreckten Pfoten :
Europangäische Lofoten.

Frisch abgewichste Notenpresse,
der Aktienhandel setzt Akzente !
Mit Zahlung eingestellt Prozesse –
Ein Händedruck : Respekt statt Rente.
Kaum Halsvollbringer, Typ fürs Grobe :
Den Reiter hoch, dem Ross die Kur !
Daheim gecrasht und abgeschoben –
Regierung zweiter Garnitur.
Geschlechtertrennung Zufallsquoten :
Europangäische Lofoten.

Fehlt Bio-Palmöl, Kaschmirwolle,
auf hoher See mit Fischfabriken;
am Grund liegt voll Mangan die Knolle.
An Küsten Hungeraugen blicken –

Erschöpfen sich in Sklavenwerken,
bedürfen gar nicht der Ressourcen,
die kräftig unsere Wirtschaft stärken !
Als Dank zurück kommt Rülpsen, Furzen.
Erbaut auf Knochen dieser Toten :
Europangäische Lofoten.

Der Kessel

Der Kessel pfeift, die Pfanne brutzt.
Das Geschirr, das grad beschmutzt
noch eben in der Spüle stank,
ist schon wieder blitz und blank.
Und hinauf, die gute Speise
(wer den Herd abstellt, ist weise).
Vanille durch den Nachtisch zieht
– jetzt fehlt nur noch Appetit.

Am Äquator Not und Darben,
und die Kinder, die heut starben !
Flugs den Fernseher ausgemacht,
zwei, drei Sätze zur Andacht –
Aschenbecher zugedeckt,
und siehe da : es schmeckt.
Immer kräftig reingehauen !
Doch was ist mit Wein und Frauen,

Logenplatz und Liegestühle ?
Zimmerservice im Gewühle ?
Schluss jetzt mit verkohlte Träume,
wird noch kalt bei dem Gesäume !
Als würde es kein Morgen geben,
als ginge es ums Überleben :
Noch den Teller abgeleckt,
Aschenbecher aufgedeckt.

Ministerium

Kennst du Jens Spahn sein Ministerium ?
Du willst es nicht, nicht wirklich kennen lernen.
Die Hände wäscht man in Sterillium,
und präsentiert sich täglich übers Fernsehn.
Gesichter wie gemeißelte Fassaden :
Auf Sicht im Nebel fährt Minister Spahn.
Klabauterbach ist mit an Bord geladen,
die Lotsin jetzt verlässt den wracken Kahn.

Hier meldet man korrekt, man registriert
Kontaktverfolgung. Daten Leben retten.
Die Infizierten, keimfrei isoliert,
vergolden Krankenhäusern ihre Betten.

Doch Pflegekräfte kannst du lange suchen.
Die Arbeitslage macht sie selber krank.
Kritik stornieren und Erfolge buchen,
das hat gelernt der Kaufmann von der Bank.

Ein Spatenstich für das Milliardengrab :
Experten werden hin und her geflogen.
Statt Parlament regiert Beraterstab
am runden Tisch, darüber wir gezogen.
Nicht mehr Demokratie – mehr Einkaufswagen !
Hier stimmt man ab, hier sagt man Ja statt Nein.
Was soll man mit 'ner Maske auf schon sagen ?
Und schwimmt im Strom – da ist man nicht allein.

Kennst du das Land ? Es hat die Möglichkeit,
Gesundheit in den Mittelpunkt zu stellen.
Als Werte zählen Raffgier, Häme, Neid –
Das kann man auch bei Amazon bestellen.
Jens Spahn spielt Pandämonium-Orchester.
Die Straßen starren kahl und leer gefegt.
Geöffnet wird von Weihnacht bis Silvester,
die Gründer-Existenz auf Eis gelegt.

Am Reichstag tobt ein Sturm im Wasserglas,
der lässt sich nur als Putschversuch erklären.
Vor lauter Panik wächst das frische Gras
auf dem Skandal von Maskenkauf-Affären.

Hier zieht man sich den Abstrich aus der Nase.
Lokale sind gesperrt und downgelockt.
Man respiriert die eignen Atemgase,
und löffelt aus, was man uns eingebrockt.

Gehirngewaschen im Delirium
die Flecken auf dem Meinungsbild entfernen :
Kennst du Jens Spahn sein Ministerium ?
Du willst es nicht, nicht wirklich kennen lernen.

Spätschicht

Am Himmel murmelt Flugmaschine.
Beim Nachbarn plätschert Urinal.
Darunter fauchen Wasserhähne
vertraut, doch störend auch zumal.

Gut steht der Wind, steh auf und lüfte !
Der Müdigkeit paar Kaffeegüsse –
Den Qualm durchs Fenster, raus die Gifte,
das Fernsehn zielt die letzten Schüsse.

Zu spät zum Schlafen – kaum im Bette
bedrängen mich die Bilderhaufen.
Der Einfall, den ich gerne hätte,
soll nicht im Treibsand mir verlaufen.

Her mit dem Brett, die Fetzen runter,
ein unbeschrieben Blatt geklemmt.
Die Mine stockt – Mineur ist munter,
den Meißel er ins Weiße stemmt.

Aufs Kehrblech mit den Haufgebilden !
Ein Tusch vom Frühkonzert beschwingt.
Zurück in daunigen Gefilden,
zum Frühstück Überraschung winkt.

Fabelfernsehen, öffentlich-rechtlich

Den äußerst seltenen Pfausan
sah noch niemand je von Nahem.
Und auch von dem Albastrauß
weiß man leider nichts Genaues.
Zerebras und Gazilopen
wittern einen Jagupard,
der pirscht durch die Tundra-Tropen,
fällt sie an in wilder Jagd.

Dort die rare Gürtelschleiche :
Ein exotisches Rauptil
gräbt sich still von Teich zu Teiche,
wird verspeist vom Graukodil.

Der Taubenhaucher in den Grotten
sucht vergeblich Dosselsprotten.
Wiedespecht und Welpensittich
teilen die Reviere mittig.

Der Klapperaffe tobt in Horden,
die Lärminge sich selbst ermorden.
Führst du dein nächstes Glas zum Mund,
verschlucke keinen Humpenlund !
Katzgemeine Ringelschnecken
lauern in Langustenhecken.
Unsichtbare Otterspinnen
ahnt man nur mit sieben Sinnen.

Krakmäleon bleibt unsichtbar,
die Heidfisch-Schnucke bissig gar.
Der Zitterwal Fauntänen bläst,
das Fischsterbchen ist halb verwest :
Schmeckt nicht mal dem Robbelphin,
Krokodohlen südwärts ziehen.
Im Wasser treibt ein Trampelschwan,
an Land kraucht Hängebauchwaran.

Drüsentalk mit Soße quatschen,
fernbedient Bewusstsein klatschen.
Eignes Elend abgewehrt,
vor des Nachbarn Tür gekehrt.

Hirn gefoltert, Zwangsgebühren
Hetze, Hass und Zwietracht schüren.
Abgeschaltet noch verbleiben
Schlieren auf den matten Scheiben.

Programm

Am Sonntag fällt ein kleines Wort ins Netz.
Am Montagmorgen spült es durch die Straßen.
Die Bleichgesichter schon den Dienstag fraßen.
Bis Mittwoch klickt und klappert das Geschwätz.

Am Donnerstag wird endlich abgestimmt :
Die Woche, sie gefällt / gefällt nicht ?
Dann ausgezählt wie man es nimmt –
Das alles steht jetzt im Bericht.

Der Freitag bringt die allgemeine Wende.
Auch Augenzeuge weiß zum Schluss :
Geknackt wird seine weiche Nuss,
die Schalen sprechen Bände.

Der Samstag liest in angesagten Foren
was man verpasst, dem Netz zum Trotz.
Zieht hoch und spuckt herum den Rotz –
Und weit und weiter streuen sich die Sporen …

Lorbeerkrank

Widerstand ist zweckfrei

Das größte aller Paradoxen :
„Wollen musst du !" – Eigenart ?
„Du willst müssen" für die Ochsen,
Wagen in den Dreck gekarrt.
Widerstand ist schnell im Munde.
Widerstand : ein Stück Kultur.
Nach der ersten Schrecksekunde
schaltet Hirnschmalz gleich auf stur.

„Wollen willst du uns befehlen ?
 Nicht mit uns, uns fehlt der Zwang !"
Singt das Credo unserer Seelen
einstimmig im Urgesang.
Und privat ? Was auszustehen :
Preise ! Quali ? Gang für Geld,
gleiche Fressen ferner sehen –
Wecker, Magen, Klingel schellt.

Aufstehen, in die Masse tunken :
Stehen ist hier sehr beliebt –
Nicht im Aus, Aufstände punkten,
wer nicht trumpfen kann, der schiebt.

Bis dann zu den Wahlsonntagen :
Du schreibst U – sie machen X.
Jeder kann die Meinung sagen,
ändern tut sich trotzdem nichts.

Farbige

Was heißt denn Rot – Maschinenstürme ?
Privatbesitz rein in den Schredder ?
Es schwanken Kandidaten-Türme
mit Basis im Programm verheddert.

Und Schwarz ? Sind wir beim Tischroulette ?
Auch mittig kann der Schütze fehlen.
Es legt den Zeitgeist an die Kette,
gut im Verhandeln und Verhehlen.

Vom Ei das Gelbe loben welche –
Die freie Toleranz schreibt groß :
Den einen Sauna, andern Selche,
verflochten mit dem dicken Moos.

Und das sind unsere Landesfarben !
Für Brot und Kuchen dient der Teig,
den viele Bäcker schon verdarben,
die dünken sich auf Grünem Zweig.

Für Rosa, diese Ost-Schablone,
gilt, was da steht bei Gelb und Rot :
Erst Allpartei, verramscht die Zone,
manch einer wünscht sich Rot-Verbot.

Zum Beispiel diese Braunen Horden,
wie trocken Blut und Ackerboden :
Mal stolz, mal leugnen sie das Morden,
bereit zu Brand und Urwald roden.

Und Blau – ist schon Programm der Name ?
Ein neuer Anstrich brauner Kleckse ?
Oder Protest gegen infame
und unbeherrschte Machtreflexe ?

Nun Violett, der gute Wille
alleine zähmt das Stimmvieh nicht.
Lass andere drehen die bittere Pille,
bevor es durch die Zäune bricht !

Auch Weiß ist farbig, oft Oliv –
Betroffen schwer das Unschuldslamm.
Die Hirten glotzen scheel und schief,
und wetzen Scheren, zinken Kamm.

Super Wahl

Der Stänker und der Märchenmann,
die zetteln einen Wahlkampf an –
Erwarten von dem Wähler Dank
für die Lügen mit Gestank.
Sie schenken ihre Wahlversprechen
dem, der sie danach muss blechen.

Der Wahlkampf geht ihnen zu Herzen,
mit Deckweiß und mit Druckerschwärze
und in bunten Farbpaletten
wollen sie die Amtszeit retten.

Im Wahllokal bei Zapfenstreich
bleibt sich das Ergebnis gleich :
Der eine kann nicht ohne den
hart bekämpften anderen.
Für Jahre sollen wir uns fügen
der Eintracht von Gestank und Lügen.

Berlin

Nach vielen ruhmlosen Dekaden
krönt Replika die Republik
der guten Sache Aktien-Schwaden.
Man sprach : Gelungenes Geschick.

Nicht heim ins Reich, im Gegenteile :
Im Reichstag Heym(*), zurück zur Spree !
Mit Hymnen auf Gutdünk' und Weile …
Wer soll det zahlen ? Icke ? Nee !

Bedarf gehobener Verbrauche,
Beschleunigung im Glockensmog :
Ein Meer von CO_2 und Jauche,
wenn schon Kultur – dann gleich ein Schock :

Hier Bär auf Drogen, Drohgebärde !
Dort Suppenküchen, Subkultur –
Paris & London, shit & merde !
Selbst-Weihberäucher-Prozedur.

Bellevue und Bendler, habt Erbarmen !
Ein Lied geht um die weite Wurst :
Gesprengt ist längst der alte Rahmen,
der Todesstreifen outgesourct.

(*) *Stefan Heym, 1913 – 2001*

Luftangriff

Wozu die teuren Flugmaschinen ?
Ein Fall von Volksaufstand zuletzt :
Schon heulen Presse und Turbinen,
ein Satellit das Ziel verpetzt.

Es geht um Öl. Ist nur ein Tropfen
von Kerosin im heißen Tank –
Mit Bomben zur Besinnung klopfen :
Wer *das* Rezept verschreibt, ist krank.

Rekrutenjahrgang Feuerweihe,
von wegen Öl – Gesamtkonzept !
In diesem Sinne wird die freie,
die Meinungsäußerung geneppt.

Was haben wir noch in den Bunkern ?
Ein paar Raketen, Minenstreu –
Von Treffern live im Fernsehen flunkern,
die Trümmerfrau macht alles neu.

Kein Wiederaufbau ohne Schäden,
Zerstörung zum Selbstkostenpreis :
Marionette tanzt an Fäden,
die Weltgeschichte dreht im Kreis.

Feldmarschall-Variationen I

Der Feldmarschall
bei lautem Knall
tut sich aus dem Stand erheben –
Der Feind, er wird sich bald ergeben.
Kanonen-Odem ihn umweht,
von jedem Kaliber ein Gerät.

Mit dem Feldmarschallenstab
kratzt er lässig seinen Bart.
Er weiß wohl um der Fronten Breschen,
in die mobile Krieger preschen.
Welch siegessichere Übermacht!
Der Feind hofft nur, es werde Nacht.

Kaum einer steht noch in den Reihen,
das Banner längst schon kurz und klein.
Er gibt sich mit dem Schicksal ab
und betet um ein flaches Grab.
Ein Meldegänger prahlt mit Sieg,
die Orden glänzen schmuck und schniek.

Das Feldherrn-Gehirn

Tamerlan, der hinke Ritter,
der Vernichter vieler Liter,
zieht mit seiner Horde Brand
durch ein jedes Nachbarland.
Jedes muss er unterwerfen,
jedem knechtet er Tribut.
Dann die Waffen wieder schärfen,
Kopfbedeckung : Helm statt Hut.

Dadurch ist er aufgestiegen,
hat sein Königreich vereint.
Viele Wochenmärsche liegen
jetzt schon bis zum nächsten Feind.
Tamerlan wird sich verspäten
zum Termin Belagerung.
Ochsen ziehen die Geräte,
ziehen einen Streifen Dung.

Prachtvoll mit geschmückten Lanzen
eilt der Herrscher weit voraus.
Den Palast verwalten Schranzen,
Sohnemann regiert das Haus.
Abgehetzt erreicht ein Bote
Tamerlan im Heerestross :
„Herr, ein großes Unheil drohte,
 nur betrunken ist dein Spross !

Ihm und seinen Saufkumpanen
gleitet alles aus der Hand –
Möglich, dass sie Aufstand planen,
Rebellion und Widerstand."
Tamerlan dreht um im Zorne.
Er, der große Kraft-Tyrann,
kämpft sich rückwärts statt nach vorne,
sinnt auf Rache, aber dann –

Auf den heimatlichen Wegen
kommt ein Reiter ihm entgegen :
Gleiche Fresse, dennoch fremd,
Strick um Hals und Totenhemd ?
Nüchtern fleht sein Sohn um Gnade,
wirft sich vor dem Vater hin.
Diesem ist er doch zu schade,
nach Vergebung steht sein Sinn.

Was kann seinen Groll jetzt stillen ?
Saufkumpane – Rübe ab !
Eine Gruppe Menschen killen,
dazu reichlich Trank und Lab.
Schlange stehen die Verbrecher,
Tamerlan im Blutrausch trinkt
einen um den andern Becher,
und die Hofkapelle singt.

Schade um den Possenreißer,
steht der Hofnarr am Schafott!
Kann sein Lachen nicht verbeißen,
in den Augen leuchtet Spott.
Seine krumme Zwergen-Nase
wittert die Gelegenheit –
Noch ein letztes Mal zu spaßen:
Hofnarr nur auf Lebenszeit.

„Wenn wir einst zusammen gingen"
spricht er zu dem Hintermann,
„wolltest Vortritt du erzwingen –
Bitte sehr, darfst vor mir dran."
Tamerlan kann sich nicht halten,
lachend prustet er heraus:
„Tritt hervor von den Gestalten,
setze dich mit mir zum Schmaus!"

Das erfreut Tyrannenherzen:
„Mit dem Tod vorm Angesicht
mangelt es dir nicht an Scherzen,
fehlen dir die Witze nicht.
Du alleine kannst erheitern
mich, den Großen Tamerlan.
Du gehörst zu meinen Streitern –
Scharfrichter, mach weiter dann!"

Vor dem Abtransport der Leichen,
als der letzte Kopf noch rollt,
seinen Heerzug zu erreichen
nach Verspätung ungewollt –
Tamerlan gibt Pferd die Sporen,
denn es droht erneut Gefahr,
dass sein Angriff wird verschoben :
Fortgeschritten ist das Jahr.

Es begegnen sich die Heere
oben an dem Kaspenmeere.
Tamerlan wird schon erwartet,
hat gehörig sich verspatet.
Nach der Zeit, die er vergeudet
(gerne hätte er gehäutet
die Verräter, statt geköpft),
seine Truppen sind erschöpft.

Von der wochenlangen Reise
Mägen knurrig, Füße wund,
seine Gegner jedoch weise :
Konnten sich verschanzen, und
haben Truppen ran gezogen –
Neue Lanzen, Pfeil und Bogen,
warten sie auf Tamerlan.
Der schaut sich das Schlachtfeld an :

„Sind sie uns auch überlegen,
zahlenmäßig – unser Ahn
siegte mutig und verwegen –
Denkt an Onkel Dschingis Khan !
Wenn wir diesen Haufen schlagen,
liegt zu Füßen uns ihr Land.
Und ich hab' in ein paar Tagen
ihre Hauptstadt in der Hand.
Nur noch einmal tüchtig schlafen,
morgen greifen wir sie an !
Dann erklingen Siegesharfen
mir – dem Großen Tamerlan."

Morgenhimmel grau verhangen,
starker Wind aus Ost-Nordost :
Noch bevor sie angefangen,
stecken sie im tiefen Frost.
Flocken regnet es statt Pfeile,
Fuß und Huf im Schnee versinkt.
Tamerlan muss hier verweilen,
warten was das Frühjahr bringt.
In den Nächten bleibt kein Frieden,
für den Kampf zu kurz der Tag –
Schlaflos neue Pläne schmieden,
was das Frühjahr bringen mag ?

„Wenn die Kälte wird versiegen,
steht mir bis zum Hals der Dreck …
Und sie werden Nachschub kriegen,
schadlos komm' ich hier nicht weg.
Also müssen wir erzwingen
die Entscheidung möglichst bald.
Keine Siegesharfen klingen,
machen wir beim Angriff halt.

Nur, wie sag ich 's meinen Leuten ?
Gerne wären sie zu Haus.
Wenn sie nicht bald was erbeuten,
geht die Treue ihnen aus.
Gar nichts können sie verlieren,
laufen über sie zum Feind.
Söldner Leben gern riskieren
für den, der am stärksten scheint.
Alles Gold, das ich nur habe,
reicht noch für drei Monde Sold –
Mut und List sind meine Gaben,
Schicksal ist dem Dreisten hold."

Tamerlan schleicht durchs Gestöber,
in den Taschen all sein Geld –
In das Feindeslager rüber,
huscht entlang von Zelt zu Zelt.

Drohend ragt ihre Standarte
zwischen bunten Wimpeln vor.
Alles steht auf einer Karte –
Tamerlan denkt an den Tor,
der sich rettete das Leben,
als er schon zum Henker kroch.
Fühlt sein eigenes am Schweben
nur am Seidenfaden noch.

Dort sitzt der Standartenhalter
abseits bei dem Knobelspiel.
Tamerlan durchläuft ein kalter
Schauer – jetzt ist er am Ziel.
Der Standartenträger zittert
auch und geht zum Zelt zurück.
Sturmwind trägt heran Gewitter,
und ein Fremder folgt gebückt.

„Möchte einen Vorschlag machen :
Hier mein Gold, die Hälfte dein !
Wenn du ablehnst – keine Wachen
retten dich, wir sind allein …"
Mächtig wehen die Orkane,
Flocken wirbeln in der Nacht.
Selbsternannter Khan der Khane
hat ein Meisterwerk vollbracht.

Als der nächste Tag geboren,
ist der Schnee hinweg geweht.
Und der Boden überfroren –
Man zum Angriff übergeht.
Auch der Feind kommt an geschritten,
aufeinander treffen sie –
Tamerlan strebt hin zur Mitte,
scheinbar ohne Strategie.

Links und rechts mit offenen Flanken
werden sie umzingelt sein ...
Garde hält sie schon in Schranken,
da ertönt ein laut Geschrei :
„Die Standarte – ist gefallen !
 Tot ist unser König jetzt !"
Es vergeht die Kampflust allen,
jeder flüchtet fort entsetzt.

Durchblick haben alle keinen,
auch des Königs Garde weicht.
Tamerlan hat somit einen
zweifelhaften Sieg erreicht.
Kann nicht rauben oder brennen,
dafür fehlte es an Glück.
Doch anstatt gehetzt zu rennen,
reitet er bequem zurück.

Feldmarschall-Variationen II

Feldmarschall und General
leiden unter großer Qual.
Sieh, wie kraftlos sie erblassen :
Mit dem Feind ist *doch* zu spaßen.

Dame, Fang-den-Helm und Mühle,
Soldaten zeigen gar Gefühle
für den Gegner – mit dem Feind
auf dem Schlachtfeld froh vereint.

Sie haben sich schon längst verziehen,
dass sie sich mit Blei bespien.
Und Pech sich wünschten, Bitterkeit,
die Fäuste ballten jederzeit.

Schade um diese Sekunden,
die der Krieg ihnen entwunden.
Um die Jahre, die jetzt fehlen,
um die vielen stummen Seelen.

General und Feldmarschall
spielen mit der Truppe Ball.
Singend ziehen Freunde heim,
Blüten trägt des Friedens Keim.

Feldmarschall-Variationen III

Leutnant, Hauptmann und Major
haben etwas großes vor.
Mit Oberst und dem General
wollen setzen ein Fanal.

Feldmarschall in Weisheit spricht :
„Bitte überhebt euch nicht !
Denkt auch an den Schützen Arsch,
den ihr setzen wollt in Marsch !

Unsereins in Daunendecken
denkt nur selten ans Verrecken.
Feldwebel uns Luxus bringt,
aber Schütze Arsch auswringt.

Rum und Ähren rationiert –
Von uns reichlich schnabuliert.
Fehlen Ähren und der Rum,
Arsch dreht die Gewehre um."

Feldmarschall die Stimme senkt :
„Wollt ihr werden aufgehängt ?"
Vom Arbeiter- Soldatenrat
befürchten sie ein Attentat.

Hauptmajormann, Leutenant
stehen ungern an der Wand.
General und Oberst auch
lieben ihren dicken Bauch.

Und so schiebt man das Fanal
vor sich her – ein andermal …

Weltende

Das Klima wandelt rastlos durch die Brache.
Kein Baum mehr für den Hund, der hebt das Bein.
Da steht und dunstet jetzt die Hunde-Lache,
denn jede Fläche muss versiegelt sein.

Kein Karren fährt mehr, um daran zu pissen.
Atome strahlen, doch der Ventilator ruht.
„Nur ein, zwei Grad" und ähnliche Prämissen,
die ahnten nichts von aktueller Glut.

Antarktika – da wohnen Millionäre,
die wiegen Schnee und Eis mit purem Gold.
Sie schnappen Luft in letzter Atmosphäre,
bis bald auch sie die Schmelze überrollt.

Brombeerium

Über Nacht

Ist Frühling über Nacht geworden,
schon alle Farben überborden.
Narzissen ihre Hälse recken,
Kaninchen flüchten in die Hecken.

Schon hat es Dämmerung gegeben,
am Fenster trällert Gospelchor.
Im Garten wächst ein Knospenflor,
der kämpft im Raureif um sein Leben.

Vulkanen gleich die Maulwurfshaufen,
die Wolken hoch und höher laufen.
In Wolkendecke klafft ein Riss,
der Regenbogen kommt gewiss.

Nur schleichend steigert sich das Fest.
Du darfst dich nicht zu schnell bewegen,
die Amsel hat etwas dagegen –
Kommst du zu nahe an ihr Nest !

Die Hummel schwebt im Sonnenlicht,
wirf auf sie deinen Schatten nicht !
Das ganze Ungeziefer klein
will länger nicht im Hause sein.

Ist Frühling über Nacht geworden,
die Sonne schleicht sich still nach Norden.
Die Erdenachse nickt dazu,
und welchen Beitrag lieferst du ?

Gesundet

Die Woche war wie zehn Dekaden
im Fiebertraum vergangen dir.
Jetzt ohne Wickel an den Waden
trinkst du des Lebens Elixier.

Ein Festmahl war's für Hausstaubmilben,
so lange war dir Gruft das Bett –
Dein Kehlkopf frei, schon formt er Silben,
und macht das lange Schweigen wett.

Musik des Himmels in den Ohren
lässt dich vergessen stille Qual.
Im Frühling bist du neu geboren,
dich trifft ein erster Sonnenstrahl.

Fort sind die Wolken hinter Scheiben,
umschattet waren Stirn und Geist.
Im Nord vom Schnee noch Reste bleiben,
den Morgen schmückt ein Hauch von Eis.

Hinaus, die tauben Glieder strecke,
hinein die kalte Luft im Raum !
Aus trägem Schlummer Kräfte wecke,
um auszureißen Baum für Baum.

Den Tatendrang kannst du noch steigern,
doch sei in Zukunft auf der Hut –
Der Krankheit Zutritt zu verweigern,
Gesundheit ist das höchste Gut.

Frühlings Verrecken

Ein Zittern von rasierten Schafen,
das Grüne strotzt in vollem Saft.
Der Winterpelz ist fehl am Platz,
in Sommerkleidung musst du frieren.

Lang her, dass Tag und Nacht sich trafen.
Der Abendhimmel matte Seide
mit Lindengrün und satter Weide,
die Distel wächst bis an die Stirn.

Die Hitze steht und steigt bedenklich –
Jetzt Brunft und Tragzeit, dann der Wurf.
Noch gibt es Wind und Wolkenburg
und taubenetzten Taganfang.

Die nächste Jahreszeit, jetzt endlich !
Nicht weit entfernt von schwüler Gemme
mit Schwalbenjagd und Falterschwemme,
die Nahrungskette streckt sich lang.

Der Sommer steht schon vor der Tür,
da wo kein Schatten, auch kein Wald.
Getreide reift und Springkraut knallt.
Es lebt. Und wächst. Und ab dafür …

Sommergewitter

Unmöglich ist es, jetzt zu lüften –
Ertrage Sonnenstrahl und Staub !
Verdorrt das Gras, verwelkt das Laub,
schon fast vertrocknet in den Grüften.

Gleich fallen hier die ersten Schauer,
verdampfen auf dem heißen Stein.
Am Horizont wächst eine Mauer,
jetzt schlägt's dem Fass den Boden ein.

Sekundenbruchteil Tageshelle,
wenn Blitze schmettern in das Land.
Ein Donner grollt am Himmelsrand,
so blau wie Stahl und regenschwer.

Dachziegel fliegt, der Wald steht quer !
Dann kommt es wie die Sintflut wirklich,
für mindestens Minuten vierzig –
Im Rinnstein bricht die erste Welle.

Genug ! Genug ! Auch andere dürsten !
Aus Wolken blaue Fetzen dämmern …
Gewitter eilt mit harten Bürsten,
hier noch die letzten Tropfen hämmern.

Aufgabe

Der Einkauf ist nicht zu vermeiden.
Zu rechnen ist mit Telefon.
Am Alltag sich die Geister scheiden.
Die Ablenkung, sie ist Legion.

Wie klein sind Menschen doch in Ländern !
Ein Zufallswurf auf Kippe steht –
Von Toleranz und Tellerrändern
mit Drehwurm rings im Kreis gedreht.

Es sind nur alles bunte Scherben :
Im Hirnanhang Kaleidoskop –
Gespinste für den Trugschluss werben,
im Stirn-Labor zum Test geprobt.

Berührt von keiner Umwelt-Walze,
entwickelt sich daraus Ferment.
Gepfeffert sind die Erden-Salze,
die Hemmungsschwelle wird durchtrennt.

Schon wieder so Befindlichkeiten :
Das war doch mal – wie immer schon !
Behutsam über Leichen schreiten –
Klischee zur Exekution.

Noch Zeit zu atmen, in die Vollen !
Gepluster vor dem Höhenflug –
Zurück bleibt Ballast, graue Schollen
herausgewürgt – dann noch ein Zug.

Derweil die Pöbel sich bedröhnen,
und Zuckerwatte zieht durchs Hirn –
Verschwunden ist das Mensch-Gewöhne,
Hormone, Drüsen explodieren !

Ein Affenstall – Gezeter, Zirbel,
gedrückt wird das Befehlsgerät.
Vom ersten bis zum letzten Wirbel
in Schauern süßes Kribbeln weht.

Die Sprudelflut quillt in die Leere,
in Eindruckslücken ohne Zahl.
In sich zusammen fällt Fontäne,
es bleibt das Qualitätsmerkmal.

Primat des Reimes

Es wabern Welten unbegriffen,
den leeren Händen nichts entfällt.
Definitionen streng verkniffen :
Ein Brennpunkt unterm Sternenzelt.

Siliziumoxid und Dünste
von salzgetränktem Wasserschweiß –
Zum Rand geschleudert schöne Künste,
die Zentrifuge dreht im Kreis.

Der Eigenschwung von Schwerkraftwesen
zum Eisprung Hirnbefruchtung treibt.
Und nochmal Korrektur gelesen,
entbindet sich der Form und bleibt.

Wintervollmond

Das Käuzchen ruft klagend vom Scheunendach.
Ich schau durch die Fensterscheibe –
Ein junges Reh folgt dem älteren nach,
und wählt unsern Garten als Bleibe.

Geh nicht zu dicht an das Fenster heran,
vom Atmen wird es beschlagen !
Die Gläser sind kalt und die Zimmerluft warm.
Was du wissen willst, kannst du mich fragen.

Die Schwalbennester von Spatzen zerhackt,
auf diese lauert die Katze.
Ein Schneemann allmählich in Flocken versackt,
sie rieseln ihm auf die Glatze.

Sieh nur den silbernen Vollmondstrahl
im Schnee bläulich funkeln und brennen !
Dort hinten, in dem sonst finsteren Tal,
ist jedes Gebüsch zu erkennen.

Siehst du dort an der Dachrinne Rand,
wie spitze die Eiszapfen wachsen ?
Morgen am Waldrand sehen wir dann
die Spuren von Hasen und Dachsen.

Zieh fester die Decke, mein liebes Kind,
dass es dir gemütlich behage !
Ein feines Gestäube steigt auf mit dem Wind :
Die Träume der kommenden Tage.

Ich kenne wirklich kein größeres Glück,
so oft auch die Sternschnuppen blitzen.
Hörst du, Familie Maus ist zurück
im Dachboden unter den Ritzen.

Den Rodelschlitten im Speicher ich fand,
wir müssen die Kufen noch wachsen –
Morgen zum Frühstück wir sehen uns dann
bei Kakao und geräucherten Lachsen.

Glückwunsch

Schönes Leben sollst du haben !
Baue fleißig deine Waben
ohne fremder Mächte Dank !
Augen Perlen, Haut Geschmeide,
keine Fliege kommt zu Leide,
sanfte Speise, nüchtern Trank.

Freunde, die noch etwas taugen,
halten dir ein Ziel vor Augen :
Höhenflug und fester Stand.
Angenehm sind diese Zeiten,
Rückenwind und Wellen reiten,
mit der Schöpfung Hand in Hand.

Aus dem Überfluss gebären,
bodenlosen Trübsinn klären
viele Schüsse vor den Bug !
Ohne Zwang und fern von Pflichten
von dem Glanz der Welt berichten
Träne, Herzschlag, Atemzug.

Blick im Dunkeln

Die Nacht zieht an, kein Mond in Sicht.
Ein neuer Tag den Schlaf verspricht.
In Ohren Engelszungen hauchen
die Dinge fort, die wir nicht brauchen :
Den Kranken Arzt – Gesunden nicht,
dass niemand sich den Kopf zerbricht !

Warm eingemottet unter Daunen,
Lieblingsbeschäftigung : das Staunen
der Bilder dieses schönen Tages.
Erleichtert murmelt man : Ich mag es.

In eigener Sache

Geburt zu Neunzehn-Vierundsiebzig
Gewesen jung, noch immer spritzig
Hannover nach Westfalen
Von Februar bis März
Gebannt auf Erdenschalen
Gerichtet himmelwärts
Studiert nach Wunsch der Parzen
Gerührt von Brain und Storm
Dann Knecht von Peter Hartzen
Zur Arbeitsmarktreform
Der grobe Schmiss misslungen
Was weiter wird man schauen
Hat er sich ausbedungen
Am Horizont kein Zaun

In Vorbereitung :

Einbeerstraßen

Gedichte

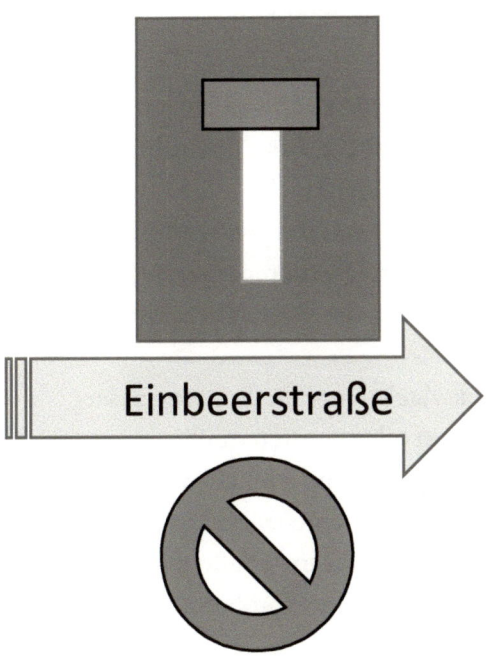

Autobahn

Von weitem schon Idioten brettern
in dieses graue Nadelöhr.
Mit Koma-Opa, Highspeed-Gör,
darüber steht in Riesenlettern :
Ausfahrt – tausend Meter noch.
Bei Rostlaube der Kühler kocht.

Die Hupe vor mir hat zwei Meilen
auf links geblinkt mir frei gemacht.
Im Radio hat es gekracht –
Bekämpft den Stau mit Axt und Beilen !
Im Sitzen Schneckentemperament,
im ersten Gang die Drehzahl rennt.

Ein Zick-Zack-Kurs die Rettungsgasse,
Verkehr auf allen Spuren quillt.
Die Gaffer vorn sind voll im Bild,
im Schrank nicht eine trübe Tasse.
Den Blick versenkt im Straßenplan,
willkommen auf der Autobahn !

In Nachbearbeitung :

Himbeer und Teutone

Gedichte

Tiefstapler

Wenn ich vor großen Werken stehe :
Behäbig, überwältigt nur –
Weiß nicht, wo soll ich anfangs heben ?
Wohin verläuft sich ihre Spur ?
Ihr ganzer Text und alle Sänge,
die plötzlich vor den Latz geknallten,
verweisen auf die tiefen Ränge
das Häuflein meiner Reimgestalten :

Skelette klappernder Fragmente,
mal hie und da ein Fetzen Haut
von fraglichen, weil jetzt absenten
Mirakeln, die ich einst geschaut.
Verzage nicht, ein Tritt in Klötze,
ein Daumen blättert Seiten um –
Seziert wird dieser Geistesgötze :
Ist Schluss jetzt mit Elysium !

Von nun an hat er mir zu dienen !
Und jedes Wagnis, jedes Wort,
das er beging auf seinen Schienen,
in meinem Innersten rumort.
Besudelt mit den Fremdtendenzen,
geborgen doch, gepflanzt ein Korn :
Am Trittbrett der Reminiszenzen
hangele ich mich nach vorn.